I0490810

REAL ESTATE INVESTMENT

Bauen Sie Ihr Portfolio auf und
sichern Sie Ihre Zukunft

Philipp Frühwirth

INHALT

EINFÜHRUNG IN DIE WELT DES REAL ESTATE INVESTMENTS

Real Estate Investment ist eine immer beliebter werdende Option für Menschen, die auf der Suche nach langfristigen Investitionsmöglichkeiten sind. Der Immobilienmarkt ist ein weites Feld mit vielen verschiedenen Arten von Möglichkeiten, welches nicht nur für professionelle Investoren wie Hedgefonds, Vermögensverwalter und institutionelle Anleger zugänglich ist, sondern auch für Privatpersonen und Kleininvestoren.

Ein wichtiger Faktor für den Aufstieg von Real Estate Investment ist die Nachhaltigkeit der Branche. Seit Jahrzehnten sind Immobilien ein begehrtes Gut und werden auch in Zukunft eine stabile Wertanlage sein. Der Anstieg der Weltbevölkerung und die damit verbundene steigende Nachfrage, insbesondere in Großstädten, halten den Immobilienmarkt nachhaltig aktiv. Sowohl für den privaten als auch für den kommerziellen Immobilienmarkt gibt es viele verschiedene Arten von Investitionsmöglichkeiten.

Wohnimmobilien können einer der gängigsten Wege für Privatinvestoren sein. Sie können entweder eine eigene Immobilie für den Eigenbedarf kaufen oder in Mehrfamilienhäuser investieren, um zusätzliches Einkommen durch Mieteinnahmen zu erzielen. Ein weiterer Ansatz könnte die Investition in Studentenwohnheime oder Seniorenresidenzen sein, um eine passende Zielgruppe zu erreichen. Diese können in der Regel hohe Renditen bringen, obwohl sie auch mehr Arbeit erfordern können.

Kommerzielle Immobilien können auch eine gute Investitionsmöglichkeit sein. Bürogebäude und Einzelhandelsflächen sind oft attraktive Möglichkeiten für kommerzielle Investoren und bieten hohe Renditen. Industrielle Immobilien können ebenfalls eine gute Investitionsmöglichkeit darstellen, obwohl diese Art von Immobilien eher für professionelle oder institutionelle Investoren geeignet ist.

Immobilieninvestmentgesellschaften (REITs) sind ein weiterer Trend bei Real Estate Investments. REITs sind Unternehmen, die direkt oder indirekt in Immobilien investieren und in der Regel Dividenden an ihre Anleger ausschütten. REITs können entweder öffentlich oder privat gehandelt werden.

Eine weitere Möglichkeit, in den Immobilienmarkt zu investieren, ist durch Crowdinvesting-Plattformen, welche als Vermittler zwischen Investoren und Immobilienprojekten agieren und Investoren die Möglichkeit bieten, sich an verschiedenen Projekten zu beteiligen. Diese Plattformen können den Zugang zum Immobilienmarkt für Kleininvestoren vereinfachen.

Obwohl der Immobilienmarkt stabiler ist als beispielsweise der Aktienmarkt, sollten Anleger immer noch sorgfältig ihre Investitionen prüfen. Faktoren wie Standort, Amortisation, Inflation, Mieteinnahmen und andere finanzielle Aspekte sollten genau betrachtet werden, um eine erfolgreiche Investitionsstrategie zu entwickeln.

Insgesamt bietet Real Estate Investment viele verschiedene Möglichkeiten für Investoren. Der Immobilienmarkt ist eine weite Welt mit vielen verschiedenen Arten von Anlageoptionen, die es jedem ermöglichen, in sie zu investieren. Der Markt ist nachhaltig und bietet Investoren langfristige Stabilität und potenzielle Renditen.

ARTEN VON REAL ESTATE INVESTMENTS

Es gibt viele verschiedene Arten von Real Estate Investments, die sich alle hinsichtlich des Risikos, der Rendite und des Aufwands unterscheiden. Hier sind einige der gängigsten realen Möglichkeiten, in Immobilien zu investieren.

1. Wohnimmobilien
Wohnimmobilien sind die häufigste Art von Real Estate Investment. Hierbei handelt es sich um Ein- oder Mehrfamilienhäuser, Reihenhäuser und Eigentumswohnungen, die vermietet werden können. Wohnimmobilien können eine gute Möglichkeit sein, um regelmäßige Einnahmen zu erzielen, da Mieter in der Regel langfristig bleiben.

2. Gewerbliche Immobilien
Gewerbliche Immobilien umfassen Bürogebäude, Einzelhandelsflächen, Lagerräume, Hotels und andere Gebäude, die gewerblich genutzt werden. Gewerbliche Immobilien können sehr lukrativ sein, da die Mieten in der Regel höher sind als bei Wohnimmobilien, aber sie erfordern auch ein höheres Maß an Management und höhere Investitionskosten.

3. Industrieimmobilien
Industrieimmobilien sind Lagerhallen, Fabriken und andere Gebäude, die für die Herstellung von Gütern genutzt werden. Industrieimmobilien können eine gute Möglichkeit sein, um regelmäßige Mieteinnahmen zu erzielen, aber Investoren sollten berücksichtigen, dass die Vermietung von Industrieimmobilien oft anspruchsvoller ist als bei Wohn- oder Gewerbeimmobilien.

4. Rohstoffe

Investitionen in Rohstoffe beziehen sich in der Regel auf Investitionen in landwirtschaftliche Flächen und Wälder, wo Bäume, Getreide und andere Pflanzen angebaut werden. Rohstoffinvestitionen können eine gute Möglichkeit sein, um regelmäßige Einnahmen zu erzielen und sind oft weniger anspruchsvoll als andere Arten von Immobilieninvestments.

5. Crowdinvesting

Zeitgemäße Form der Investition ist das Crowdinvesting. Dabei werden mehrere kleine Investoren mit einem geringen Kapital zur Zusammenarbeit aufgerufen. Durch das gemeinsame Kapital werden Immobilien erworben und laufend erwirtschaften diese regelmäßige Einnahmen. Immobilien-Crowdinvesting ermöglicht es Investoren, im Vergleich zu anderen Immobilieninvestitionen, schon mit kleinen Beträgen in den Markt einzusteigen.

Es ist wichtig, sich über die verschiedenen Arten von Real Estate Investments zu informieren und das richtige Investmentgemäß den persönlichen Zielen, Budgets und Risikobereitschaft zu wählen.

DER IDEALE INVESTITIONSUMFANG IN DEN REAL ESTATE MARKT

Bevor Sie in den Real Estate Markt investieren, sollten Sie herausfinden, welcher Investitionsumfang am besten zu Ihnen passt. Es gibt verschiedene Optionen für Investoren, die für unterschiedliche Anlageziele und Risikobereitschaften geeignet sind.

Zunächst sollten Sie entscheiden, wie viel Kapital Sie für Ihre Investitionen zur Verfügung haben. Wenn Sie viel Geld zur Verfügung haben, können Sie sich für längerfristige und risikoreichere Projekte entscheiden. Wenn Sie jedoch nur begrenzte Mittel haben, sollten Sie eher in kürzere und sicherere Projekte investieren.

Eine Möglichkeit, in den Real Estate Markt zu investieren, ist der Kauf von Eigenheimen oder Wohnungen zur Vermietung. In diesem Fall sollten Sie sich für einen Standort entscheiden, der eine hohe Nachfrage nach Mietwohnungen hat. Sie sollten auch eine Immobilie auswählen, die in einem guten Zustand ist und keine kostspieligen Reparaturen oder Renovierungen erfordert. Zudem sollten Sie die Mietpreise im Umfeld der Immobilie berücksichtigen und diese mit den Kosten für den Besitz, einschließlich der anfallenden Steuern und Gebühren, vergleichen.

Eine weitere Möglichkeit ist die Investition in Gewerbeimmobilien wie Bürogebäude, Lagerhäuser, Einzelhandelsgeschäfte und Einkaufszentren. Gewerbeimmobilien können höhere Renditen bieten als Wohnimmobilien, aber sind schwieriger zu verwalten und benötigen oft ein höheres Maß an Fachwissen. Ihre Entscheidung hängt dabei davon ab, welche Art von Investition für Sie am besten geeignet ist und welchen Risikograd Sie dabei tragen möchten.

Alternativ können Sie auch direkt in den Bau von Immobilienprojekten investieren, um Ihr Kapitalwachstum und Ihre Rendite zu maximieren. Dies kann jedoch ein sehr riskantes Unterfangen sein, da es viele massgebliche Faktoren gibt wie Bau- und Genehmigungsprozesse, wirtschaftliche Entwicklungen, Veränderungen im Gemeinwesen, etc. welche das Projekt beeinflussen können. Auch hier sollten Sie sich für einen Standort entscheiden, der eine hohe Nachfrage für neue Immobilien aufweist und sorgfältige Analysen hinsichtlich der Zahlen und Risiken durchführen.

In jedem Fall ist es für eine erfolgreiche Investition in den Real Estate Markt wichtig, ständig über die neuesten Entwicklungen im Markt informiert zu sein und eine gründliche Analyse der Zahlen vorzunehmen. Nehmen Sie sich Zeit für eine ausführliche Recherche und vertrauen Sie sich dann Ihrem Bauchgefühl und Ihrer Risikobereitschaft an. Mit der richtigen Strategie und dem richtigen Know-how können Sie erfolgreich in diesen Markt investieren und erhebliche Renditen erzielen.

WIE MAN EINE IMMOBILIE ERFOLGREICH AUSSUCHT

Der Kauf einer Immobilie ist eine wichtige Investition, die gut durchdacht sein muss. Eine gründliche Recherche vor Kaufabschluss ist dabei unverzichtbar. In diesem Kapitel erfahren Sie, welche Schritte notwendig sind, um die richtige Immobilie zu finden, die Ihren Anforderungen und Zielen entspricht.

1. Identifizieren Sie Ihre Bedürfnisse:

Bevor Sie sich auf die Suche nach einer Immobilie machen, müssen Sie Ihre Bedürfnisse klar definieren. Überlegen Sie sich, was Sie von der Immobilie erwarten und was sie erfüllen muss, um Ihren Lebensstil und Ihre Ziele zu unterstützen. Fragen Sie sich zum Beispiel:

- Wie groß sollte die Immobilie sein?
- Welche Anzahl von Schlafzimmern und Badezimmern benötigen Sie?
- In welchem Bereich möchten Sie leben?
- Benötigen Sie beispielsweise einen Garten oder eine Garage?
- Welches Budget steht Ihnen zur Verfügung?

Indem Sie sich diese Fragen stellen, können Sie Ihre Prioritäten herausarbeiten und eine klare Vorstellung von der Immobilie bekommen, die Sie suchen.

2. Recherche:

In der heutigen Zeit haben Sie eine Vielzahl von Möglichkeiten, nach einer passenden Immobilie zu suchen. Sie können sich an Immobilienmakler wenden oder Online-Portale nutzen. Sogar Social-Media-Kanäle können bei der Suche hilfreich sein, um potenzielle Angebote zu finden. Durchsuchen Sie die Immobilienangebote mit Ihren Bedürfnissen im Hinterkopf.

3. Besichtigung:

Nachdem Sie Anzeigen durchgesehen haben, ist es an der Zeit, sich die Immobilien in Person anzuschauen. Machen Sie sich eine Liste von Fragen und Überlegungen, die Sie während der Besichtigung stellen möchten, um sicherzustellen, dass alle Aspekte abgedeckt werden. Achten Sie auch auf Details wie Lärmpegel, Nachbarschaft und Verkehrsbedingungen. Nehmen Sie sich Zeit, alle Räume zu inspizieren und Details zu notieren.

4. Finanzielle Analyse:

Nach der Besichtigung müssen Sie die finanziellen Aspekte des Kaufs bedenken. Eine detaillierte Analyse Ihrer finanziellen Situation ist hier von Vorteil. Überlegen Sie sich, wie viel Eigenkapital Sie zur Verfügung haben, welche Finanzierungsmöglichkeiten bestehen und welche monatlichen Kosten auf Sie zukommen werden.

5. Verhandlungen und Kauf:

Wenn Sie das passende Objekt gefunden haben und Ihre finanziellen Möglichkeiten abgeklärt wurden, beginnen Sie Verhandlungen mit dem Verkäufer oder dem Makler. Wenn Sie sich auf einen Preis einigen konnten, lassen Sie sich professionelle Unterstützung bei der Durchführung des Kaufs geben.

Fazit:

Die Suche nach einer Immobilie kann sich als langer und zeitaufwendiger Prozess erweisen, aber es ist unerlässlich, sorgfältig zu sein und alle Aspekte zu berücksichtigen. Wenn Sie sich Zeit nehmen, Ihre Bedürfnisse und Ziele sorgfältig zu prüfen, sowie eine gründliche Recherche durchführen und professionelle Unterstützung in Anspruch nehmen, werden Sie eine erfolgreiche Immobilieninvestition tätigen.

WIE MAN IMMOBILIENWERTE ERMITTELT

Bevor Sie eine Immobilie kaufen oder verkaufen, ist es wichtig, den Wert der Immobilie zu ermitteln. Um den Preis richtig setzen zu können und auch um sicherzustellen, dass Sie fair bezahlen oder fair bezahlt werden.

Es ist wichtig, bei der Ermittlung des Immobilienwerts verschiedene Faktoren zu berücksichtigen. Diese Faktoren umfassen, sind jedoch nicht beschränkt auf:

Lage

Die Lage ist ein wichtiger Faktor bei der Bewertung von Immobilien. Wird die Immobilie in einem Stadtgebiet oder einem ländlichen Gebiet verkauft? Bezieht sich die Immobilie auf die Bedürfnisse von Familien oder älteren Menschen? Die Lage ist bei der Ermittlung des Immobilienwerts sehr wichtig.

Zustand der Immobilie

Der Zustand der Immobilie ist ein weiterer wichtiger Faktor zur Ermittlung des Immobilienwerts. Ist das Gebäude gut gepflegt oder weist es größere Mängel auf? Sind die Eigenschaften und das Design der Immobilie in einem modernen oder veralteten Stil gehalten? Ist eine bedeutende Renovierung erforderlich? All diese Faktoren können den Wert einer Immobilie beeinflussen.

Vergleich zum Marktstandard

Eine Möglichkeit, den Wert einer Immobilie zu ermitteln, besteht darin, sie mit ähnlichen Immobilien in der Region zu vergleichen, die kürzlich verkauft wurden. Wenn Ihr Haus im Vergleich zu anderen ähnlichen Immobilien mehrere Schlafzimmer oder größere Flächen hat, kann der Immobilienwert höher sein. Vergleichen Sie die Immobilie mit anderen ähnlichen Immobilien und seien Sie mit Ihrem Preis fair und realistisch.

Investmentpotenzial

Ein weiterer wichtiger Faktor zur Ermittlung des Immobilienwerts ist der potenzielle Wert für Investoren. Wie lange wird es dauern, bis sich eine Investition in diese Immobilie auszahlt? Hat es ein hohes Potenzial für künftigen Wiederverkauf? Kann das Gebäude für zusätzlichen Wohnraum umgebaut werden? All diese Faktoren können den Wert einer Immobilie beeinflussen.

Zusammenfassend lässt sich sagen, dass die Ermittlung des Immobilienwerts eine ernste Angelegenheit ist. Es ist wichtig, alle Faktoren zu berücksichtigen und sich mit Vertretern im Immobilienbereich abzustimmen. Der beste Weg, den Wert Ihrer Immobilie zu ermitteln, ist die Zusammenarbeit mit einem erfahrenen Immobilienmakler oder einem Gutachter.

DIE BEDEUTUNG VON STANDORTEN BEI REAL ESTATE INVESTMENTS

Die Wahl des richtigen Standorts für eine Immobilie ist für Real Estate Investments von entscheidender Bedeutung. Denn der Standort trägt maßgeblich zum Wert der Immobilie bei. Ein Standort mit einer hohen Nachfrage und starkem Wachstumspotenzial kann sich als äußerst lukrativ erweisen und für eine hohe Kapitalrendite sorgen. Im Gegenzug kann eine Immobilie an einem ungünstigen Standort den Wertverlust beschleunigen und somit zu Verlusten führen.

Die Bedeutung des Standorts hängt von vielen Faktoren ab. Einer der wichtigsten Faktoren ist die Bevölkerungsentwicklung. Standorte mit einem hohen Bevölkerungswachstum bieten in der Regel attraktive Investitionsmöglichkeiten. Immer mehr Menschen suchen nach Wohnraum, während die verfügbaren Flächen knapper werden. So steigt die Nachfrage nach Immobilien und damit auch deren Wert.

Ein weiterer wichtiger Faktor ist die Attraktivität des Standorts. Die Lage der Immobilie spielt hierbei eine entscheidende Rolle. Eine Immobilie in einem Gebiet mit vielen Grünflächen und Parks oder in der Nähe von Einkaufszentren, Schulen und öffentlichen Verkehrsmitteln kann sich als sehr attraktiv für potenzielle Mieter erweisen. Auch die politische und wirtschaftliche Stabilität sowie das kulturelle Angebot eines Ortes sind wichtige Faktoren, die einen Einfluss auf die Wahl des Standorts haben können.

Neben diesen Faktoren sind auch die infrastrukturellen Bedingungen von großer Bedeutung. Der Zugang zu wichtigen

Städten, der Nähe zu wichtigen Verkehrsanbindungen wie Flughäfen oder Autobahnen sowie die Verfügbarkeit von Strom- und Wasserversorgung und anderen wichtigen Diensten kann den Wert von Immobilien beeinflussen.

Die Einhaltung von Zonen- und Bauvorschriften kann ebenfalls von entscheidender Bedeutung sein. Bevor eine Immobilie erworben oder gebaut wird, müssen alle Vorschriften und Baugenehmigungen geprüft werden, um sicherzustellen, dass das Gebäude ordnungsgemäß errichtet ist und sich in Übereinstimmung mit den örtlichen Gesetzen und Vorschriften befindet. Verstöße gegen Bauvorschriften können hohe Strafen und die Beseitigung von illegalen Ergänzungen oder Änderungen zur Folge haben, was zu erheblichen Kosten und Verlusten führen kann.

Insgesamt ist der Standort einer Immobilie einer der wichtigsten Faktoren, der das Potenzial für eine erfolgreiche Immobilieninvestition beeinflusst. Es ist daher unerlässlich, bei der Auswahl einer Immobilie den Standort gründlich zu prüfen und alle relevanten Faktoren sorgfältig zu berücksichtigen, um sicherzustellen, dass die Immobilie in einer attraktiven und stabilen Lage liegt.

MIETOBJEKTE ALS SOLIDE INVESTMENTOPTION

Investitionen in Mietobjekte sind eine hervorragende Möglichkeit, passives Einkommen zu erzielen und langfristigen Wohlstand aufzubauen. Allerdings erfordert der Erwerb von Mietobjekten, eine angemessene Planung und Strategie. In diesem Kapitel werden wir uns ansehen, warum Mietobjekte eine solide Investmentoption sind und wie Sie erfolgreich in sie investieren können.

Mietobjekte sind eine solide Investmentoption aus vielen Gründen, aber einer der wichtigsten ist die kontinuierliche Generierung von Einkommen. Wenn Sie eine Immobilie erwerben und vermieten, erhalten Sie regelmäßige Mieteinnahmen. Längerfristig bieten Mietobjekte außerdem die Möglichkeit, den Wert der Immobilie zu steigern und Kapitalgewinne zu erzielen, beispielsweise durch Immobilienmarktwertsteigerungen.

Ein weiterer entscheidender Faktor, der Mietobjekte zu einer guten Wahl macht, ist die Möglichkeit, die Inflation zu bewältigen. Im Laufe der Zeit kann die Inflation den Wert Ihres investierten Kapitals minimieren. Immobilien sind in der Regel jedoch inflationsgeschützt. Sie können die monatlichen Mieten erhöhen, um mit der Inflation Schritt zu halten und sicherzustellen, dass Ihr Kapital auch in Zukunft seinen Wert behält.

Wenn man in Mietobjekte investiert, ist es wichtig, auf das richtige Objekt zu achten. Eine solide Immobilie sollte ein gewisses Mietpotenzial aufweisen, eine gute Lage haben und in einem guten Zustand sein. Ein Immobilienobjekt mit guten Grundlagen und Funktionen kann dazu beitragen, dass Mieter langfristig bleiben und dass der Eigentümer stabile

Mieteinnahmen generiert.

Darüber hinaus ist es ratsam, eine umfassende Analyse des Mietpreisniveaus in der Region durchzuführen und die lokale Marktsituation zu beobachten. Eine gründliche Entscheidungshilfe sind auch die Rendite und der Ertragswert der Immobilie. Bei diesen Indikatoren sollte man darauf achten, dass sie über einen längeren Zeitraum stabil sind.

Zusammenfassend ist der Erwerb von Mietobjekten eine hervorragende Möglichkeit, passives Einkommen zu generieren und langfristiges Vermögen aufzubauen. Die Investition in eine solide Immobilie erfordert gründliche Analyse, Forschung und Beobachtungen, aber der potenzielle Ertrag und Nutzen sind es wert. Letztlich bietet der Gewinn, der aus solide vermieteten Immobilien erzielt wird, ein ausgewogenes Gleichgewicht in Bezug auf die finanziellen Renditen, die Stabilität der Kapitalanlagen und die Möglichkeit, eine dauerhafte Investition zu schaffen.

KAUF VON IMMOBILIEN IM AUSLAND — WORAUF ES ZU ACHTEN GILT

Die Idee, eine Immobilie im Ausland zu kaufen, ist für viele Investorinnen und Investoren attraktiv. Es kann ein lohnendes Investment sein, da es den Vorteil bietet, eine zusätzliche Einkommensquelle zu schaffen oder ein Urlaubsdomizil zu besitzen. Wenn Sie jedoch eine Immobilie im Ausland kaufen möchten, gibt es einige wichtige Überlegungen, die Sie beachten sollten.

Die erste Überlegung ist die Wahl des Standorts. Die Lage der Immobilie ist ein wichtiger Faktor, da einige Orte besser geeignet sind als andere. Es ist wichtig, den Standort sorgfältig zu recherchieren und zu überlegen, welche Faktoren Ihren Bedürfnissen entsprechen. Beispielsweise müssen Sie prüfen, ob der Standort eine gute Infrastruktur hat, in der Nähe von Einkaufsmöglichkeiten, Schulen, Restaurants oder öffentlichen Verkehrsmitteln liegt. Schauen Sie sich auch die politische Situation und die wirtschaftlichen Aussichten des Landes genau an, um eine fundierte Entscheidung zu treffen.

Ein weiterer wichtiger Faktor beim Kauf von Immobilien im Ausland ist die rechtliche Situation. Die Gesetze in jedem Land variieren, und es ist wichtig, sie vor dem Kauf der Immobilie zu verstehen. Sie sollten einen Anwalt hinzuziehen, um sicherzustellen, dass Sie alle notwendigen Unterlagen geprüft haben.

Eine weitere Überlegung ist, wie Sie die Immobilie finanzieren werden. In einigen Ländern können Ausländer nicht in den einheimischen Hypothekenmarkt investieren, während andere besondere Regeln haben. Es ist daher wichtig, die Finanzierungsmöglichkeiten sorgfältig zu prüfen, bevor Sie sich zum Kauf entscheiden.

Zusätzlich sollten Sie auch die Steuern und Gebühren untersuchen, die beim Kauf einer Immobilie im Ausland anfallen. Viele Länder erheben verschiedene Steuern auf den Kauf von Immobilien, und es ist wichtig, diese Kosten in Ihre Entscheidung einzubeziehen.

Schließlich sollten Sie auch die Kosten der Instandhaltung der Immobilie berücksichtigen. Dies beinhaltet die Wartung, Reparaturen und gegebenenfalls die Einstellung von Hausmeistern und Reinigungskräften. Es ist wichtig, die monatlichen und jährlichen Ausgaben zu berücksichtigen, um sicherzustellen, dass Sie in der Lage sind, die Immobilie zu erhalten und zu pflegen.

Der Kauf von Immobilien im Ausland kann ein anspruchsvolles Unterfangen sein, aber es kann auch ein sehr lohnendes und lukratives Investment sein. Wenn Sie die oben genannten Faktoren berücksichtigen, können Sie fundierte Entscheidungen treffen und einen erfolgreichen Kauf tätigen.

VORTEILE UND NACHTEILE VON REITS UND ETFS AM IMMOBILIENMARKT

Real Estate Investment Trust (REIT) und Exchange Traded Funds (ETFs) sind zwei Möglichkeiten, in den immobiliengestützten Markt zu investieren, ohne tatsächlich physische Eigenschaften zu besitzen. REITs sind traditionelle Unternehmen, die in den Besitz und das Management von Immobilien investieren und in regelmäßigen Abständen Dividenden an ihre Aktionäre auszahlen. ETFs hingegen bilden den Immobilienmarkt ab, indem sie mehrere Immobilienaktien kaufen und verkaufen.

Vorteile von REITs:

1. Einfacher Marktzugang: REITs gewähren den Anlegern einfachen Marktzugang, unabhängig von deren Kenntnissen und Fähigkeiten in Bezug auf den Immobilienmarkt.

2. Stabile Dividenden: REITs müssen mindestens 90 % ihres steuerpflichtigen Einkommens an die Aktionäre als Dividenden auszahlen. Dies führt zu stabilen Erträgen für den Anleger.

3. Liquidität: REITs sind an wichtigen Börsen notiert, was bedeutet, dass sie jederzeit liquidiert werden können, um den Kapitalbedarf des Anlegers zu erfüllen.

4. Verschiedene Optionen: Wenn Sie in REITs investieren, gibt es verschiedene Arten zur Auswahl, wie beispielsweise börsennotierte oder unnotierte REITs und spezialisierte REITs, die sich auf entfernte Branchen wie Einkaufszentren, Büros oder Wohnimmobilien konzentrieren.

Vorteile von ETFs:

1. Geringe Kosten: Die Kosten sind im Allgemeinen niedriger als bei REITs, was bedeutet, dass Sie möglicherweise mehr Einkommen durch Investitionen in ETFs erzielen können.

2. Diversifikation: ETFs bieten dem Anleger eine breite Diversifikation, indem sie in eine Vielzahl von Immobilieninvestitionen investieren.

3. Liquidität: ETFs sind auch äußerst liquide und können jederzeit an der Börse gekauft oder verkauft werden.

4. Steuerliche Vorteile: ETFs sind aufgrund ihrer geringen Kosten und ihrer Passivität im Allgemeinen steuerlich effizienter als aktive Fonds.

Nachteile von REITs und ETFs:

1. Investmentrisiken: Wie bei jedem Investment gibt es Risiken. REITs und ETFs können Kursverluste erleiden, wenn sich der Markt ändert.

2. Keine individuelle Kontrolle: Wenn Sie in REITs oder ETFs investieren, haben Sie keine individuelle Kontrolle über das Management der Immobilien.

3. Abhängig von der Marktlage: Die Erträge von REITs und ETFs hängen von der Marktlage und den Immobilienpreisen ab.

Zusammenfassend lässt sich sagen, dass REITs und ETFs zwei hervorragende Möglichkeiten sind, in den Immobilienmarkt zu investieren. Jede Option bietet jedoch auch spezifische Vorteile und Nachteile, auf die Anleger achten sollten, um eine fundierte Entscheidung zu treffen. Es ist auch ratsam, einen Finanzberater zu konsultieren, der bei der Entscheidungsfindung unterstützen kann.

VERSCHIEDENE ARTEN VON HYPOTHEKEN UND IHRE BEDEUTUNG

Wenn es um den Kauf von Immobilien geht, sind viele Menschen auf eine Finanzierung angewiesen. Hier kommen Hypotheken ins Spiel, die eine der beliebtesten Formen der Finanzierung beim Immobilienkauf darstellen. Eine Hypothek kann als Kredit betrachtet werden, bei dem die Immobilie als Sicherheit dient. Die Kreditnehmer können die Hypothek in Raten zurückzahlen, einschließlich Zinsen. Lassen Sie uns einen Blick auf die verschiedenen Arten von Hypotheken werfen, die in der Real Estate Branche verwendet werden.

1. Feste Hypotheken

Eine feste Hypothek ist eine der beliebtesten Formen von Hypotheken. Der Zinssatz bleibt während ihrer gesamten Laufzeit konstant und bietet somit mehr Stabilität und Vorhersehbarkeit. Feste Hypotheken sind ideal für diejenigen, die eine klare Vorstellung davon haben, wie viel Zinsen sie zahlen möchten, und sich nicht auf Marktschwankungen einlassen möchten.

2. Variable Hypotheken

Variable Hypotheken, auch bekannt als anpassungsfähige Hypotheken, haben oft niedrigere Zinssätze als feste Hypotheken. Sie können je nach den Marktbewegungen variieren. Die Laufzeit einer variablen Hypothek ist oft länger. Dies führt oft dazu, dass Kreditnehmer geringere Raten zahlen. Allerdings sind variable Hypotheken ein höheres Risiko, da der Zinssatz steigen kann und damit auch Ihre monatliche Zahlung.

3. Zinslose Hypotheken

Eine zinslose Hypothek ist eine Art von Hypothek, bei der der Kreditnehmer nur den Darlehensbetrag zurückzahlen muss, ohne Zinsen zu zahlen. Das hört sich großartig an, aber es ist oft schwierig, eine Bank oder ein Unternehmen zu finden, die diese Art von Hypothek anbietet. Der Kreditnehmer kann jedoch Kompensationszahlungen einplanen, um Ihnen diesen Vorteil zu bieten.

4. Eigenkapital-Hypotheken

Eine Eigenkapital-Hypothek, auch bekannt als zweite bzw. dritte Hypothek, ermöglicht es dem Kreditnehmer, zusätzlich Kapital auf seine Immobilie zu bekommen. Dies ist oft dann der Fall, wenn der Kreditnehmer in seiner Immobilie erhebliche Eigenkapitalanteile erwirbt und die Hypothek darauf aufbauen möchte.

5. Open- und Closed-End-Hypotheken

Offene Hypotheken ermöglichen es dem Kreditnehmer, einen Teil seiner Hypothek vorzeitig zurückzuzahlen, ohne einen Strafzins zahlen zu müssen. Geschlossene Hypotheken haben dagegen wesentlich höhere Strafen, wenn der Kreditnehmer versucht, den Kredit vorzeitig zurückzuzahlen. Die geschlossene Hypothekman ist jedoch oft mit einem geringeren Zinssatz verbunden.

Zusammenfassend lässt sich sagen, dass es wichtig ist, die verschiedenen Arten von Hypotheken zu verstehen, bevor Sie eine Finanzierung für Ihre Immobilie auswählen. Die Wahl der richtigen Hypothek basiert oft auf der Einzigartigkeit des Projekts und auf den langfristigen Plänen des Kreditnehmers. Lassen Sie sich von einem Finanzberater oder Immobilienexperten beraten, um die beste Entscheidung zu treffen.

RENDITE-STRATEGIEN IN DER VERMIETUNG VON IMMOBILIEN

Wenn Sie eine Immobilie besitzen oder sich eine zulegen möchten, ist die Vermietung eine ausgezeichnete Strategie zur Maximierung der Rendite. Mit durchdachter Planung und einer klugen Investitionsstrategie können Sie eine lukrative Einkommensquelle aus Ihren Mietobjekten generieren. Im Folgenden finden Sie einige Rendite-Strategien, die Sie in der Vermietung von Immobilien verwenden können.

1. Mieterhöhungen: Eine der offensichtlichsten Möglichkeiten, Ihre Rendite zu maximieren, besteht darin, die Miete zu erhöhen. Allerdings sollten Sie vorsichtig sein, die Miete nicht so stark zu erhöhen, dass Sie Ihre Mieter verlieren. Es ist wichtig, den aktuellen Marktwert Ihrer Immobilie zu kennen, um angemessene Preiserhöhungen durchzuführen. Versuchen Sie, die Miete auf angemessene Weise zu erhöhen, indem Sie regelmäßig den Trend des Immobilienmarkts analysieren.

2. Verbesserung der Immobilie: Wenn Sie Ihre Immobilie Sie verkaufen oder vermieten möchten, ist es sinnvoll, in ihr Aussehen und ihre Ausstattung zu investieren. Durch die Reparatur von Schäden sowie die Aktualisierung von Küche und Badezimmer können Sie die Immobilie attraktiver machen. Dies wird dazu beitragen, dass Sie höhere Mieten erzielen oder aber beim Verkauf einen besseren Preis erzielen können, wodurch sich Ihre Rendite erhöht.

3. Langfristige Vermietungen: Langfristige Mietverträge können Ihnen regelmäßige Einnahmen garantieren. Es ist jedoch wichtig, Mieter zu finden, die solvent genug sind, um die Miete langfristig regelmäßig zu zahlen. Eine solide Bonitätsprüfung ist hierbei ein

Muss.

4. Kurzfristige Vermietung: Eine andere Vermietungsstrategie ist die kurzfristige Vermietung. Hierbei können Sie Ihre Immobilie vorübergehend an Touristen oder Geschäftsreisende vermieten und somit höhere Mieten erzielen. Online-Plattformen wie Airbnb oder Booking.com können hierbei helfen, Ihr Mietobjekt bekannter zu machen.

5. Vermietung von Lagerräumen: Eine weitere Vermietungsstrategie kann darin bestehen, zusätzlichen Stauraum für Bürger bereitzustellen. Tatsächlich kann das Bereitstellen von Lagerraum und Parkplätzen oft eine der rentabelsten Methoden für die Vermietung von Immobilien sein.

6. Vorausbezahlte Mieten: Eine etwas ungewöhnliche, aber effektive Methode, um Ihre Rendite zu maximieren, besteht darin, auf bestimmte Vermietungsperioden vorausbezahlte Mieten zu vereinbaren. Hierbei sind langfristige, zuverlässige Mieter von Vorteil. Insofern vorausbezahlte Mieten eine finanzielle Barriere für Ihre Mieter darstellen können, sollten Sie auf die solide Bonität Ihrer Mieter achten.

7. Airbnb-Einkommen teilen: Wenn Sie bereits eine Immobilie haben, die regelmäßig auf Airbnb vermietet wird, können Sie mit Ihrem Mieter vereinbaren, dass Sie jeden Monat eine feste Miete erhalten, und im Gegenzug gewährleisten, dass der Mieter alle Gewinne aus den kurzfristigen Vermietungen behält. Hierbei sollte man sich jedoch bewusst sein, dass hierbei Rechtsprechungen auf nationaler, regionaler und lokaler Ebene zu berücksichtigen sind und Ihre gesamte Immobilieninvestmentstrategie eine Rolle spielt.

Realestatinvestment kann die finanzielle Stabilität sowie den finanziellen Wohlstand des Investors erhöhen. Angesichts der beträchtlichen Renditen von Immobilieninvestitionen sollte man allerdings kritische Analyse sowie Planung nicht vernachlässigen, um eine bestmögliche Rendite zu erzielen.

WIE MAN EINE IMMOBILIE GEKONNT VERMIETET UND DABEI GELD SPART

Die Vermietung einer Immobilie kann ein lukratives Investment sein, aber wie kann man Geld sparen, wenn man eine Immobilie vermietet? Die richtige Vermietung einer Immobilie könnte bedeuten, dass Sie sich viele Jahre finanziell absichern und stabile Erträge daraus generieren können.

1. Bestimmen Sie den richtigen Mietpreis: Der Mietpreis ist in erster Linie vom Standort Ihrer Immobilie, der Größe und dem Gesamtzustand der Wohnung oder des Hauses abhängig. Verwenden Sie Tools wie Online-Mietpreisrechner oder gehen Sie auf ähnliche Mietobjekte in der Nachbarschaft, um zu sehen, was andere verlangen. Der Mietpreis sollte jedoch nicht zu hoch oder niedrig sein, um sicherzustellen, dass Ihr Mietpreis wettbewerbsfähig ist und dennoch die Betriebskosten deckt.

2. Marketing Ihrer Immobilie: Nutzen Sie verschiedene Marketingkanäle, um Ihre Immobilie zu vermieten. Zum Beispiel Online-Mietportale, Facebook, Instagram oder Flyer rund um Ihre Wohngegend. Es ist auch wichtig, eine Liste von Fotos und Informationen zur Immobilie vorzubereiten, um potenziellen Mietern einen umfassenden Überblick zu geben.

3. Selektieren Sie potenzielle Mieter: Konzentrieren Sie sich auf die Vermietung an qualifizierte Mieter, um das Risiko von Zahlungsausfällen, Verschlechterung und Unannehmlichkeiten zu minimieren. Überprüfen Sie die Bonität, den Arbeitsstatus und die Referenzen der Bewerber, bevor Sie einen Mietvertrag unterzeichnen.

4. Stellen Sie klare Vereinbarungen schriftlich auf: Stellen Sie sicher, dass alle wichtigen Vermietungsbedingungen wie Mietpreis, Dauer, Kaution, Schönheitsreparaturen und die Rechte und Pflichten des Mieters schriftlich niedergelegt sind. Dadurch wird das Verständnis zwischen Vermieter und Mieter erleichtert und Missverständnisse werden vermieden.

5. Reduzieren Sie Leerstand: Bemühen Sie sich, Ihren Leerstand zu reduzieren, indem Sie potenzielle Bewerber frühzeitig anzeigen und bereit sind, geringfügige Rabatte auf die Miete zu gewähren, wenn sie langfristige Mietverträge abschließen möchten. Schaffen Sie ein Netzwerk von Immobilienmanagern, die potenzielle Mietbewerber an sie verweisen, um das Vakuum zu füllen.

6. Effektives Vermietungsmanagement: Verwenden Sie ein Immobilienmanagement-Tool, um den Überblick über Ihre Immobilie, das Management von Mieteranfragen und die Fristen für die Verlängerung von Mietverträgen zu behalten. Es ist wichtig, auch in regelmäßige Wartung und Reparatur der Immobilie zu investieren, um den Wert der Immobilie zu erhalten und den Bedürfnissen der Mieter gerecht zu werden.

Insgesamt ist die Vermietung von Immobilien eine der besten Möglichkeiten, um passives Einkommen zu generieren, aber es erfordert eine gute Planung und Umsetzung. Indem Sie die oben genannten Strategien anwenden, können Sie erfolgreich eine Immobilie vermieten und nebenbei auch Geld sparen.

RISIKOMANAGEMENT UND RISIKOBEWERTUNG. WIE SIE DAS BESTE DARAUS MACHEN

Eine der größten Herausforderungen im Bereich Real Estate Investment ist es, Risiken zu identifizieren und zu minimieren. Eine umfassende Risikoanalyse kann Ihnen helfen, Investitionsentscheidungen auf der Grundlage von Fakten und Daten zu treffen und somit potenzielle Verluste zu minimieren.

Eine der wichtigsten Entscheidungen bei der Risikobewertung besteht darin, zu bestimmen, welches Risikoakzeptanzniveau Sie haben. Dies wird von einer Vielzahl von Faktoren beeinflusst, dazu zählen unter anderem das verfügbare Kapital, die Anlageziele, die gewünschte Rendite und Ihre allgemeine Risikobereitschaft.

Es ist möglich, verschiedene Arten von Risiken zu identifizieren, darunter auch Markt- und Zinsrisiken, Inflation, Cashflow-Risiken und politische Risiken. Markt- und Zinsrisiken sind eng miteinander verknüpft und beziehen sich auf den Einfluss von Marktveränderungen auf den Wert einer Immobilie. Inflation ist ein weiterer wichtiger Faktor, der die Wertentwicklung einer Immobilie beeinflussen kann.

Ein wichtiger Aspekt in der Risikobewertung ist es, den Cashflow der Immobilie im Auge zu behalten. Eine gute Möglichkeit, dies zu tun, ist die Erstellung von Prognose- und Finanzierungstabellen, welche Ihnen Aufschluss darüber geben, wie die zukünftigen Einnahmen und Ausgaben aufgliedern werden.

Ein weiterer wichtiger Schritt in der Risikobewertung besteht darin, die Finanzierung der Immobilie zu bewerten. Es gibt verschiedene Arten von Hypotheken, und jede hat ihre eigenen

Vor- und Nachteile. Es ist wichtig, diese Unterschiede zu verstehen und eine Hypothek zu wählen, die den Bedürfnissen der Investition am besten entspricht.

Ein guter Weg zur Risikominimierung besteht darin, eine Immobilie mit einem diversifizierten Portfolio zu erwerben. Indem Sie Ihr Geld auf mehrere Objekte verteilen, erhöhen Sie Ihre Chancen auf eine positive Rendite und reduzieren gleichzeitig das Risiko einer möglichen Investitionsbaisse.

Zusätzlich können Sie eine umfassende Due Diligence durchführen, um Bedrohungen und Chancen aufzudecken, welche nicht offensichtlich erscheinen. Es ist sinnvoll, sich immer mit notwendigen Informationen zu versorgen, indem man beispielsweise eine gewissenhafte Recherche zur Verfügung stehender Daten und Möglichkeiten durchführt.

Insgesamt gilt: Risiko lässt sich niemals vollständig ausschalten, aber Sie können durch strategische Planung, kluge Entscheidungen und sorgfältige Unternehmensführung erheblich minimiert werden. Mit der richtigen Herangehensweise und einem gut durchdachten Risikomanagement können Sie ein überragendes Portfolio aufbauen und in der Welt des Real Estate Investment Erfolg haben.

STEUERN UND GEBÜHREN BEIM ERWERB VON IMMOBILIEN

Eine erfolgreiche Investition in Immobilien hängt von vielen Faktoren ab. Wichtig ist nicht nur die Auswahl des geeigneten Objekts, Schuldenverwaltung und Risikomanagement, sondern auch die Kenntnis der Steuern und Gebühren, die anfallen, wenn Sie eine Immobilie erwerben. In diesem Kapitel werden wir die verschiedenen Arten von Steuern und Gebühren besprechen, die beim Kauf einer Immobilie anfallen.

Grundsteuer: Diese Abgabe ist eine Steuer, die von der örtlichen Regierung erhoben wird, um die Kosten für den Betrieb von Dienstleistungen wie Schulen, Straßen und Parks zu decken. Sie wird jährlich auf den Wert der Immobilie berechnet und variiert je nach örtlichem Steuersatz. Die Steuerrate variiert in den USA von Staat zu Staat, aber im Allgemeinen wird die Grundsteuer auf der Grundlage des Immobilienwerts berechnet.

Grunderwerbsteuer: Wenn eine Immobilie gekauft wird, ist in vielen Ländern auch eine Grunderwerbsteuer fällig. Diese Steuer variiert je nach Bundesland und Land, in dem die Immobilie sich befindet. In den USA gibt es keinen Bundessteuersatz für Grunderwerbsteuern, aber die meisten Bundesstaaten erheben eine separate Grunderwerbsteuer auf Basis des Kaufpreises der Immobilie.

Verwaltungsgebühren: Es ist auch üblich, dass Verwaltungsgebühren für den Umzug ins neue Zuhause anfallen. Wenn der Immobilienkauf durch einen Immobilienmakler erfolgt, kann es sein, dass eine Vermittlungsgebühr fällig wird. Dies kann auch für eine Hypothekenmaklergebühr gelten, wenn ein Kredit aufgenommen wird.

Inspektions- und Gutachtergebühren: Vor dem Kauf einer Immobilie ist es klug, eine Inspektion und eine Bewertung durchzuführen. Die Kosten für eine Inspektion liegen normalerweise bei ein paar hundert Dollar, können aber je nach Größe und Lage der Immobilie und dem Experten, den Sie engagieren, variieren. Eine Bewertung der Immobilie ist auch notwendig, um den korrekten Wert der Immobilie festzulegen. Hier variieren die Kosten von einigen hundert bis zu ein paar tausend Dollar, abhängig von verschiedenen Faktoren wie Art der Immobilie und Standort.

Hausbesitzerversicherung: Der Kauf einer Hausbesitzerversicherung ist ebenfalls notwendig, um das Eigentum an der Immobilie abzusichern. Die jährliche Prämie kann je nach Immobilienwert und -standort variieren. Es kann auch zusätzliche Kosten für die Versicherung geben, wenn das Haus beispielsweise in einem Hochrisikogebiet für Naturkatastrophen wie hohen Überschwemmungen oder Erdrutschen liegt.

Schlussgedanken: Wenn Sie eine Immobilie erwerben möchten, ist es wichtig, alle Kosten und Steuern im Voraus zu berücksichtigen. Es ist ratsam, einen Experten zu konsultieren, um alle Fragen rund um die Steuern und Gebühren zu beantworten, die anfallen können. Indem Sie sich frühzeitig über diese Kosten im Klaren sind, können Sie Ihren Kaufbudget besser planen, um finanzielle Überraschungen zu vermeiden.

WIE IMMOBILIEN RICHTIG AUFGEWERTET WERDEN KÖNNEN, UM DEN WERT ZU STEIGERN

Eine Möglichkeit, den Wert Ihrer Immobilie zu erhöhen, besteht darin, sie aufzuwerten. Wenn Sie Ihre Immobilie richtig verbessern, können Sie nicht nur den Wert steigern, sondern auch den Verkaufspreis oder die Miete erhöhen. Hier sind einige Möglichkeiten, wie Sie Ihre Immobilie aufwerten können:

1. Küche und Bad: Die beiden wichtigsten Räume in einem Haus sind die Küche und das Badezimmer. Durch die Verbesserung dieser Räume können Sie den Wert Ihrer Immobilie erheblich steigern. Ersetzen Sie alte Geräte, Arbeitsplatten und Schränke, um Ihrer Küche ein modernes Aussehen zu verleihen. Im Badezimmer können Sie durch das Ersetzen von Fliesen, Waschbecken und Armaturen ein Update durchführen.

2. Hinzufügen von Wohneinheiten: Das Hinzufügen von Einheiten zur Immobilie kann die Mietumsätze erheblich verbessern. Wenn es Platz für ein zusätzliches Badezimmer oder ein weiteres Schlafzimmer gibt, können Sie darüber nachdenken, eine Einheit hinzuzufügen.

3. Grünflächen: Durch die Verbesserung der Grünflächen können Sie nicht nur den Wert der Immobilie erhöhen, sondern auch das Aussehen verbessern. Gepflegte Landschaften und Gärten können das Interesse von potenziellen Käufern oder Mietern wecken.

4. Energieeffizienz: Investieren Sie in energiesparende Geräte, um die Energiekosten zu senken und den Wert der Immobilie

zu steigern. Sie können auch Solarmodule installieren, um die Energiekosten zu senken und den Wert der Immobilie zu erhöhen.

5. Modernisierung der Elektrik: Wenn die Elektronik in Ihrem Haus veraltet ist, kann dies zu erhöhten Stromrechnungen führen. Eine Aktualisierung der Elektrik kann diese Kosten senken und den Wert Ihrer Immobilie erhöhen.

6. Dachreparatur: Ein neues Dach kann den Wert Ihrer Immobilie erhöhen und Schäden an der Immobilie verhindern. Durch die Verbesserung des Daches können Sie auch Probleme wie Leckagen vermeiden.

7. Malerarbeiten: Neue Farben können den Look einer Immobilie verbessern und den Verkaufspreis deutlich steigern. Nutzen Sie nicht nur Farbe, um das Aussehen Ihrer Immobilie zu verbessern, sondern auch Malerarbeiten auszubessern, um Schäden zu reparieren.

Die Verbesserung Ihrer Immobilie kann eine lohnende Investition sein, wenn das Upgrade klug und effektiv durchgeführt wird. Sie können den Wert Ihrer Immobilie deutlich steigern, indem Sie die oben aufgeführten Schritte ausführen und die Bedürfnisse von Käufern oder Mietern berücksichtigen.

WIE MAN IN REAL
ESTATE CROWDFUNDING
INVESTIEREN KANN

Real Estate Crowdfunding ist eine relativ neue Art der Immobilienfinanzierung, die es Kleinanlegern ermöglicht, in Immobilienprojekte zu investieren, die sie sich sonst nicht leisten könnten. Crowdfunding-Plattformen bringen eine Gruppe von Investoren zusammen, die gemeinsam ein bestimmtes Immobilienprojekt unterstützen. Die Investoren erhalten in der Regel eine Rendite auf ihr Investment, wenn das Projekt erfolgreich ist.

Zunächst ist es wichtig zu verstehen, was Crowdfunding ist. Crowdfunding bezieht sich auf eine Praxis, bei der eine große Anzahl von Personen kleine Beträge zu einem gemeinsamen Ziel beitragen, in der Regel über das Internet. Es gibt viele verschiedene Arten von Crowdfunding, darunter soziales Crowdfunding, kreatives Crowdfunding und auch Immobilien-Crowdfunding.

Real Estate Crowdfunding-Plattformen gibt es in der Regel in zwei Formen: Equity Crowdfunding und Debt Crowdfunding. Equity Crowdfunding ermöglicht es Investoren, in einen Immobilienbesitzanteil zu investieren. Mit anderen Worten, Investoren besitzen einen Teil der Immobilie und erhalten eine Rendite in Form von Mieteinnahmen und eventuell auch durch den Verkauf der Immobilie. Debt Crowdfunding hingegen ermöglicht es den Investoren, in ein Darlehen zu investieren, das zur Finanzierung des Immobilienprojekts verwendet wird. Die Investoren werden dann in der Regel durch den Zinssatz des Darlehens bezahlt.

Bevor Sie in Real Estate Crowdfunding investieren, sollten Sie einige Dinge beachten. Es ist wichtig zu prüfen, ob die Plattform, auf der Sie investieren möchten, seriös und legitim ist. Sie sollten das Unternehmen und die Eigentümer der Plattform recherchieren, um sicherzustellen, dass es sich um eine vertrauenswürdige Initiative handelt. Sie sollten auch prüfen, ob die Immobilienprojekte, in die Sie investieren möchten, solide sind und ob das potenzielle Rendite-Risiko-Verhältnis Ihren Erwartungen entspricht. Es ist auch wichtig, sicherzustellen, dass Sie die Bedingungen der Plattform und die Bedingungen jedes Projekts, in das Sie investieren, vollständig verstehen, bevor Sie investieren.

Real Estate Crowdfunding kann eine großartige Möglichkeit sein, in den Immobilienmarkt zu investieren, ohne Tausende von Dollar aufzubringen, um eine Immobilie zu kaufen. Sie können von der Expertise der Plattform und deren Team profitieren, das die richtigen Immobilienprojekte auswählt und das Management der Immobilien übernimmt. Wenn Sie in eine seriöse Plattform und Projekte mit guten Renditechancen investieren, könnte dies ein lukratives Investment sein.

DAS VERMEIDEN VON BETRIEBSWIRTSCHAFTLICHEN FEHLERN BEI IMMOBILIENINVESTITIONEN

Wer erfolgreich in den Immobilienmarkt investieren möchte, sollte sich darüber im Klaren sein, dass die Entscheidungen und Maßnahmen, die man trifft, sorgfältig und professionell abgewogen werden müssen. Schließlich handelt es sich bei Immobilien um Kapitalanlagen, die langfristig eine bedeutende Rolle im Portfolio eines jeden Investors spielen.

Um Fehler bei der Investition in Immobilien zu vermeiden, gibt es eine Reihe von betriebswirtschaftlichen Tipps, die Investoren stets beachten sollten.

1. Eine fundierte Marktforschung betreiben

Eine ausführliche Marktforschung ist einer der fundamentalsten Bestandteile des Immobilieninvestitionsgeschäfts. Eine genaue Analyse des Marktes gibt dem Investor die notwendige Transparenz, um kluge Entscheidungen auf der Grundlage von Fakten und Zahlen zu treffen. Dazu zählen beispielsweise lokale Immobilienpreise, Zinssätze, Prognosen für die Immobilienwerte und Sozial-, Wirtschafts- und Demografie-Trends.

2. Budgetierung und Planung

Eine erfolgreiche Immobilieninvestition erfordert sorgfältige Planung und genaue Budgetierung. Es ist unerlässlich, alle Kosten, die mit dem Immobilienkauf und -verkauf verbunden sind, genau zu erfassen, einschließlich Reparaturen, Instandhaltung und Gebühren. Es ist auch wichtig, realistische

Erwartungen hinsichtlich der Einnahmen und der laufenden Kosten zu haben, um sicherzustellen, dass das Investment rentabel ist.

3. Immobilien besichtigen

Es ist immer ratsam, Immobilien mehrmals vor dem Kauf zu besichtigen. Nur so kann man sich ein genaues Bild von dem Zustand des Hauses oder der Wohnung machen und potenzielle Probleme erkennen. Es ist auch wichtig, sich ein Bild von der wirtschaftlichen Lage und den Sozial- und Sicherheitsbedingungen in der Umgebung zu machen, in der die Immobilie steht.

4. Finanzierung

Die Auswahl der richtigen Finanzierungsmöglichkeit ist beim Immobilieninvestment entscheidend. Eine Investorenhypothek ist in der Regel eine gute Option, aber alternative Kreditvergabeoptionen sollten nicht ausgeschlossen werden. Investoren sollten sich über alle möglichen Finanzierungsoptionen informieren und verschiedene Angebote einholen, bevor sie sich für ein Angebot entscheiden.

5. Rechtskonforme Verfahren

Wer in Immobilien investieren möchte, muss sich an die lokalen Gesetze und Verordnungen halten. Es ist notwendig, sich mit den örtlichen Bauvorschriften, dem Steuerrecht und anderen gesetzlichen Rahmenbedingungen vertraut zu machen, um keine strafrechtlichen Konsequenzen zu riskieren.

6. Beziehungen aufbauen

Der Erfolg in der Immobilienbranche hängt nicht nur von guten Entscheidungen ab, sondern auch von guten Beziehungen. Es ist wichtig, Beziehungen zu anderen Investoren, Maklern und Vermietern aufzubauen, um bessere Deals zu finden und von den Erfahrungen anderer zu profitieren.

Fazit

In der Immobilienbranche gibt es viele Fallstricke. Um erfolgreich zu sein, müssen Investoren Zeit und Mühe investieren, um den Markt sorgfältig zu analysieren, realistische Budgets und Pläne zu erstellen und sich an die örtlichen Gesetze und Verordnungen zu halten. Durch das Aufbauen von Beziehungen und durch ständige Weiterbildung, können Investoren erfolgreich ihre Immobilien-Portfolios aufbauen und erweitern.

FINANZSTRATEGIEN BEIM KAUF UND DEM VERKAUF VON IMMOBILIEN

Der Kauf und Verkauf von Immobilien erfordert ein gewisses Maß an Know-how und Finanzplanung. Eine sorgfältige Planung und Strategie sind notwendig, um das Beste aus Immobilienverkäufen und -käufen zu machen. Hier sind einige wichtige Finanzstrategien, die Sie beachten sollten:

1. Finanzierungsoptionen: Stellen Sie sicher, dass Sie als Erstes Ihre Finanzierungsmöglichkeiten prüfen. Eine solide Kreditwürdigkeit und eine ordentliche Bonität sind notwendig, um in den meisten Fällen Geld von Banken zu bekommen. Sie sollten auch alternative Finanzierungsoptionen in Betracht ziehen, wie die Finanzierung durch Privatanleger oder Baumarktfonds. Diese Optionen geben Ihnen mehr Flexibilität bei Ihrem Investitionsprozess.

2. Investitionsbudget: Bevor Sie eine Investition tätigen, sollten Sie ein klares Budget festlegen, um eine solide Basis für Ihre Zukunftsinvestitionen zu schaffen. Eine gründliche Überprüfung Ihrer Finanzen und Haushaltsplanung sind hierbei unerlässlich.

3. Kaufpreisverhandlungen: Investitionen können mit erfolgreichen Kaufpreisverhandlungen beginnen. Verhandeln Sie den Preis und finden Sie heraus, ob es mögliche Optionen gibt, die Ihnen helfen, das bestmögliche Ergebnis zu erzielen. Beachten Sie dabei jedoch, dass Sie nie den Preis so weit herunterdrücken sollten, dass es für den Verkäufer unrentabel wird.

4. Diversifikation: Wie bei jeder Investition ist es hilfreich, das Risiko in verschiedene Asset-Klassen zu streuen, um Ihr Portfolio

zu diversifizieren. Um auch Ihre Immobilieninvestitionen zu diversifizieren, können Sie in verschiedene Arten von Immobilien investieren, z. B. in Wohneigentum, Büro- oder Einzelhandelsimmobilien.

5. Exit-Strategie: Bei jedem Investment ist es wichtig, eine Exit-Strategie zu haben. Bei Immobilieninvestments ist das nicht anders. Sie sollten im Vorfeld planen, wie Sie Ihre Investition verkaufen oder möglicherweise weitervermieten können, um das bestmögliche Ergebnis zu erzielen.

6. Vermarktung: Eine erfolgreiche Vermarktung Ihrer Immobilieninvestitionen ist ein weiterer wichtiger Schritt, um das Beste aus Ihrem Investment zu machen. Stellen Sie sicher, dass Sie ein professionelles Marketing- und Verkaufsteam haben, das Ihnen bei jedem Schritt des Verkaufsprozesses hilft.

7. Verkaufskosten: Bei einem Verkauf von Immobilien sollten Sie auch die anfallenden Verkaufskosten berücksichtigen, einschließlich Maklerprovisionen, Reparaturkosten, Inspektionsgebühren und Abschlusskosten. Diese Ausgaben können erheblich sein und in Ihre Budgetplanung einbezogen werden sollten.

Investitionen bildend ist ein Prozess, der Disziplin, Planung und Strategie erfordert. Eine erfolgreiche Immobilieninvestitionsstrategie sollte eine robuste Finanzstrategie umfassen, die es Ihnen ermöglicht, das bestmögliche Ergebnis aus Ihren Investitionen zu erzielen. Beachten Sie die oben genannten Punkte, und Sie werden ein klareres Verständnis für die Finanzen Ihrer Immobilieninvestitionen bekommen.

WIE SIE ERFOLGREICH IN IMMOBILIEN INVESTIEREN UND DABEI IHR RISIKO MINIMIEREN.

Investments in Immobilien können eine attraktive Möglichkeit sein, um langfristig Geld zu verdienen und Vermögen aufzubauen. Allerdings bringt jede Investition auch Risiken mit sich. Um erfolgreich in Immobilien zu investieren und dabei das Risiko zu minimieren, gibt es einige Dinge zu beachten.

1. Bestimmen Sie Ihr Risikoprofil
Wie viel Risiko Sie eingehen können oder möchten, ist der Ausgangspunkt jeder Investitionsentscheidung. Überlegen Sie sich, wie viel Kapital Sie investieren können und welches Risiko Sie zu tragen bereit sind. Wenn Sie eher auf Nummer sicher gehen möchten, kann es sinnvoll sein, in bereits bestehende, vermietete Immobilien zu investieren. Eine andere Möglichkeit ist das Investieren in REITs oder ETFs, bei denen das Risiko aufgrund der Diversifikation geringer ist.

2. Machen Sie eine umfassende Analyse
Es ist wichtig, alle Aspekte der Immobilie zu analysieren, die Sie ins Auge fassen. Sie sollten sich über den Standort der Immobilie, die lokale Wirtschaft, die Mietpreise und die Nachfrage nach Mietobjekten informieren. Beziehen Sie auch die Anschaffungs- sowie Instandhaltungskosten und eventuelle Renovierungskosten in Ihre Analyse mit ein.

3. Diversifizieren Sie Ihr Portfolio
Eine gute Möglichkeit, um das Risiko zu minimieren, ist die Diversifikation Ihres Immobilienportfolios. Durch die Investition in unterschiedliche Immobilienarten und -regionen streuen Sie

das Risiko und minimieren es somit. Es ist jedoch auch darauf zu achten, dass man nicht zu viele Immobilien in einem speziellen Nachbarschaftsbereich besitzt, das Risiko besteht sonst weiterhin für genau diesen Bereich.

4. Sicherung Ihrer Finanzierung
Die Finanzierung von Immobilien-Investitionen kann ein risikoreicher Aspekt sein, aber dennoch unabdingbar. Suchen Sie nach Finanzierungsmöglichkeiten, die für Sie langfristig tragbar sind und Ihre Bedürfnisse decken. Überprüfen Sie auch Ihre Kreditwürdigkeit, um sich für die besten Konditionen zu qualifizieren.

5. Vermarktung Ihrer Immobilien
Eine Immobilie ist kein Investment, wenn sie keine Einnahmen erzielt. Wenn Sie in eine Immobilie investieren, machen Sie sich bewusst, wie die Immobilie vermarktbar ist, um potenzielle Mieter zu gewinnen. Die Möglichkeit, dass über längere Zeiträume keine Mieter vorhanden sind, sollten in der Kalkulation berücksichtigt werden.

6. Beobachten Sie Ihre Investitionen
Selbst nach all der Forschung und dem strategischen Planen, kann es immer einmal vorkommen, dass eine Investition nicht wie geplant verläuft – Umstände können sich ändern. Aus diesem Grund sollten Sie Ihr Immobilienportfolio regelmäßig überwachen und Ihre Investitionsstrategie gegebenenfalls anpassen.

7. Übernehmen Sie nicht alles selbst
Um das Risiko zu minimieren, ist es auch wichtig, sich von Experten beraten zu lassen. Investieren Sie in einen Anwalt, der die rechtlichen Aspekte Ihrer Investitionen überwacht, sowie in einen Buchhalter, der bei der Steuererklärung hilft. Es gibt auch spezialisierte Immobilienverwaltungsunternehmen die in der Lage sind, Belegungsraten, Instandhaltungen und Mietausfälle zu verfolgen und notwendige Eingriffe durchzuführen, um das

Immobilien-Investment zu schützen und zu optimieren.

Ein Investment in Immobilien kann eine sichere und profitable Möglichkeit sein, Vermögen aufzubauen. Durch sorgfältiges Planen und Ausführen können Sie das Risiko jedoch minimieren und Ihre Investitionen erfolgreich gestalten.